AF446739

ENVEJECER
CON GRACIA

TIM CHALLIES

Envejecer con gracia

Traducido con permiso del libro *Aging Gracefully*© Tim Challies 2018 publicado por *Crusiform Press*, Minneapolis, Minesota.

Traducción al Español: Mayra Alejandra Ocampo
Editor General: Rudy Ordoñez Canelas
Lecturas de prueba: Juan Sebastián Rojas / Nedelka Medina
Revisión del libro: Silvia Burbano
Diseño y maquetación: David Studio Co.

Agradecemos la ayuda brindada por Diego y Nedelka Medina, como también a *Tim Challies en Español* por hacer posible la traducción y publicación de este libro.

Primera impresión 2022 en Colombia

A menos que se indique lo contrario, las citas de las Escrituras son tomadas de La Biblia de las Américas LBLA Copyright © 2005 por The Lockman Foundation.

ISBN Impreso: 9789584952677

Monte Alto Editorial
www.montealtoeditorial.com/

ACERCA DEL AUTOR

Tim Challies es uno de los blogueros cristianos más leídos en los Estados Unidos y cuyo Blog (challies.com) ha publicado contenido de sana doctrina por mas de 6000 días consecutivos.

Tim es esposo de Aileen, padre de dos hijas adolescentes y un hijo que le espera en los cielos. Ha escrito libros como *El Caracter del Cristiano* y *Sé Ejemplo,* entre otros. Sirve como pastor en la iglesia Grace Fellowship de Toronto, Ontario.

Índice

Introducción 11

1. Una mayor edad trae consigo mayor dolor 17

2. Una mayor edad trae consigo mayor gozo 27

3. La carrera 35

4. Una mayor edad trae consigo
mayor responsabilidad 39

5. El árbol que da fruto 47

6. Una mayor edad trae consigo decisiones
que marcan la vida 55

Notas 63

Construyendo nuestra casa

Día a día, todos estamos construyendo la casa en la que viviremos cuando llegue la vejez. Algunos estamos levantando un hermoso palacio, mientras que otros, edifican una oscura prisión. ¿Qué estás construyendo tú?

Tal vez estás construyendo una casa que resulte hermosa y confortable para el largo invierno de tu vejez. La estás decorando con buen gusto, llenándola de adornos diseñados para traer placer y comodidad en los días venideros: actos de gratitud, de gracia, de generosidad y de amor desinteresado. En cada pared has colgado fotos tan significativas como hermosas, las cuales te miran para consolarte, animarte y alentarte: amistades entrañables en Cristo, relaciones de mentoreo y discipulado, hijos y nietos que conocen y aman al Señor. También has almacenado provisiones de piedad y gracia para asegurarte estar satisfecho, alimentado y confiado durante los días de cansancio. Has reunido grandes reservas de la Palabra de Dios para alimentar el fuego y mantenerlo encendido en los largos días y noches de invierno; de igual modo, has preparado un lecho confortable en el que puedes recostarte y descansar. Y, cuando exhales tu último aliento, podrás mirar desde tu cama aquellos adornos, aquellos cuadros y aquella vida de tesoros preciosos, y sabrás que has vivido una vida con sentido.

O tal vez estás construyendo una casa que no resulte más que una prisión fría y lúgubre en el invierno de tus últimos años. La estás decorando de forma pretenciosa y extravagante, con logros sin importancia, actos malvados y obras de justicia propia. Has cubierto las paredes de fotos grotescas—amistades dañinas, relaciones rotas, hijos y nietos vanos y rebeldes—, y esas imágenes te miran para acecharte, para condenarte, y para llenarte de miedo y dolor. No has almacenado provisiones suficientes para alimentarte en los días de cansancio—lo cual te ha sumido en la amargura, el arrepentimiento y en mil vicios sin sentido—; ni has reunido suficientes reservas de la Palabra de Dios para encender el fuego, de tal forma que este arde poco y se va extinguiendo, dejándote miserable y con frío. Has preparado un lecho de espinas en el que desesperadamente y en vano intentas descansar; y, cuando exhales tu último suspiro, mirarás aquellos horribles adornos, esos sombríos cuadros, aquella existencia de apilados arrepentimientos y sabrás que has desperdiciado tu vida.[1]

¿QUÉ CASA ESTÁS CONSTRUYENDO?

¿Estás edificando un palacio o una prisión? ¿Estás erigiendo un lugar de alegría, confort y seguridad, o un sitio de dolor, pena y peligro? A cada momento estás poniendo los ladrillos de tu casa. Desde la infancia la has estado decorando. Cada día que pasa añades nuevos adornos y te aprovisionas —o no— para los días venideros. Y a medida que el invierno de tu vida se acerca, te irás instalando en la casa que has construido.

Así que vuelvo a preguntarte, ¿Qué casa estás construyendo?

UN PROFUNDO TEMOR, UN PROFUNDO ANHELO

Desde la infancia, me he inclinado a tener cierto tipo de comportamientos. Pude ver a la gente actuar de ciertas formas —así como las consecuencias de tales acciones—, y decidí que nunca haría esas cosas. Decidí que no sería como esas personas.

De niño conocí el abuso del alcohol; experimenté la embriaguez en toda su fealdad y vergüenza en personas que amaba, en miembros de mi familia; vi cómo se comportaban, cómo les trataban los demás y cómo se desmoronaba su reputación. Y se desarrolló en mí una desconfianza tan grande hacia el alcohol, que este nunca me resultó atractivo. Hoy en día no bebo, y no es porque tenga un fundamento bíblico contra ello. Es simplemente que no me interesa. Nunca me ha interesado.

También desde la infancia, me he inclinado a temer el envejecer mal. He visto a personas mayores comportarse de forma vergonzosa, y que mostraban muy poco de la dignidad que debería asociarse a la edad. He conocido a ancianas amargadas que parecían no tener ningún sentido o propósito real en sus vidas, también ancianos borrachos, pervertidos, llenos de resentimiento hacia Dios. Por supuesto, también vi ejemplos positivos, ancianos y ancianas queridos que se amaban unos a otros, que amaban a Jesús más que nada, que ejemplificaban la gracia y la piedad. A algunos de ellos los conocí personalmente, y a otros por medio de sus libros o biografías. Desarrollé un miedo a envejecer mal y un profundo anhelo de hacerlo correctamente.

Cuando era joven, decidí que envejecería con gracia. No sería un viejo sucio, o amargado, ni un viejo borracho sin propósito. Decidí que en la vejez sería digno y piadoso, que ejemplificaría el carácter y la vida con propósito hasta el final. Incluso entonces, comprendí que esta resolución tendría que dar forma a toda mi vida. No podía vivir una vida disoluta y esperar que Dios me concediera el don de la piedad al cumplir los 65 años. No podía vivir una vida apática o tibia y esperar una vejez con sentido. De este modo, si quería ser piadoso entonces, tendría que aprender a serlo ahora; si quería vivir aquellos días con propósito, primero necesitaría vivir con propósito los días actuales. Por estas razones y muchas más, el tema del envejecimiento es especialmente valioso para mí.

ENVEJECIMIENTO Y VEJEZ

Es importante distinguir aquí entre envejecimiento y vejez. Mientras que la vejez es la posición, el envejecimiento es el proceso—las pequeñas inversiones realizadas a lo largo del tiempo que determinan nuestra posición final—. Mi objetivo en este folleto es llamar la atención sobre el envejecimiento: la realidad universal y vitalicia de que desde el momento del nacimiento estamos envejeciendo, de que desde nuestro primer aliento estamos avanzando hacia el último, de que cada una de nuestras decisiones determinarán el tipo de ancianos o ancianas que seremos. El envejecimiento es el guión de fecha en tu lápida; la pequeña línea que, progresando de izquierda a derecha—desde la alegría del nacimiento hasta el dolor de la muerte—, encierra toda una vida. Envejecer conlleva muchas penas y alegrías; y, entre ellas, están las responsabilidades que podemos elegir abrazar o ignorar.

He escrito esto con muchas lágrimas; lágrimas suficientes para sorprenderme y mostrar lo profundamente que siento este tema, lo mucho que ha sido una melodía que suena en el fondo de mi vida, lo mucho que sigue siendo un profundo deseo. Son lágrimas de dolor por las oportunidades desperdiciadas, de alegría por las evidencias de la gracia inmerecida, y de esperanza de que Dios conceda mis oraciones. Porque hay pocos anhelos en mi corazón más profundos que éste: que Dios me permita vivir una vejez piadosa, digna y con propósito.

En este folleto, me propongo explorar lo que la Biblia dice sobre el envejecimiento. Y, en última instancia, animarnos a ti y a mí a envejecer con gracia y sabiduría. A envejecer con decisión para la gloria de Dios.

CAPÍTULO 1

Una mayor edad trae consigo mayor dolor

Nuestra única experiencia de envejecimiento es dentro de este mundo pecaminoso, por lo que, no sabemos cómo habría sido este proceso si este mundo no se hubiera manchado por el pecado. Sin embargo, sabemos que el envejecimiento habría ocurrido igualmente. Antes de que Dios creara a las personas, Dios creó el tiempo. Así que Dios creó a las personas para que existieran dentro del tiempo y lo atravesaran. Los bebés habrían crecido hasta convertirse en niños, y los niños habrían madurado hasta la edad adulta. Tal vez los beneficios que vienen con el envejecimiento habrían continuado eternamente sin ninguno de los efectos negativos que vemos y experimentamos. Simplemente no lo sabemos.

Lo que sí sabemos es que, en un mundo como éste, el envejecimiento está fuertemente asociado al dolor y la tristeza. Aunque no está exento de beneficios, es conocido en primer lugar por sus penas. Experimentamos este dolor porque una mayor edad conlleva una mayor exposición al pecado y a sus consecuencias. A medida que avanzamos en el tiempo, vemos más y más el pecado que hay en nuestros corazones. Y, a medida que acumulamos años de experiencia, también sumamos un conocimiento más profundo del pecado que habita en los corazones de otras personas y que sale a la luz a través de sus palabras y acciones. Con cada día, con cada año, vemos y experimentamos en mayor medida las consecuencias del pecado en el mundo que nos rodea: muerte, destrucción, desastre. Todo ello supone un gran y doloroso peso.

Este dolor es universal, incluso los cristianos lo experimentan al envejecer. También ellos descubren que una mayor edad trae consigo mayor dolor, el cual, se presenta en muchas formas. He aquí cinco de ellas.

EL DOLOR DE LA DEBILIDAD

A medida que envejecemos, experimentamos el dolor de la debilidad. Por supuesto, cuando empezamos a envejecer, nos fortalecemos. Al pasar de la infancia a la niñez y de la niñez a la edad adulta, nuestros cuerpos crecen y se fortalecen. Desde el punto de vista de Salomón en la vejez, dice: "Alégrate, joven, en tu mocedad, y tome placer tu corazón en los días de tu juventud" (Eclesiastés 11:9a). Llega a decir: "La gloria de los jóvenes es su fuerza" (Proverbios 20:29).

Pero esa fuerza no dura mucho, ¿verdad? Hay unos años de crecimiento seguidos de muchos años de declive; unos años de fuerza seguidos de muchos años de debilidad. Tanto para los hombres como para las mujeres, la fuerza física alcanza su punto máximo entre los 20 y los 30 años antes de entrar en un largo descenso. La masa muscular, la densidad ósea, el metabolismo e incluso los sentidos comienzan a deteriorarse. La mayoría de los deportistas se retiran a los 37 o 38 años, cuando aún les queda más de la mitad de su vida. Simplemente, ya no pueden seguir el ritmo.

Acuérdate, pues, de tu Creador en los días de tu juventud, antes que vengan los días malos, y se acerquen los años en los que digas: No tengo en ellos placer; antes que se oscurezcan el sol y la luz, la luna y las estrellas, y las nubes vuelvan tras la lluvia; el día cuando tiemblen los guardas de la casa y los fuertes se encorven, las que muelen estén ociosas porque son pocas, y se nublen los que miran por las ventanas; cuando se cierren las puertas de la calle por ser bajo el sonido del molino, y se levante uno al canto del ave, y todas las hijas del canto sean abatidas; cuando también teman a la altura y a los terrores en el camino, y florezca el almendro, se arrastre la langosta y la alcaparra pierda su efecto... (Eclesiastés 12:1-5a)

Esta es una descripción poética del cuerpo que se debilita y falla: los ojos se apagan, las manos tiemblan, los pies se arrastran, la espalda se dobla, los dientes faltan, la voz tiembla. Es un contraste patético con la fuerza y el vigor de la juventud. Y el declive de nuestros cuerpos no hace más que aumentar con la edad, y mientras esto sucede, hay dolor al ver que nuestros cuerpos se debilitan y decaen.

EL DOLOR DEL CANSANCIO

Al dolor de la debilidad se añade el dolor del cansancio. El viejo Salomón también conocía esta pena, pues en Eclesiastés 1:8 exclama "Todas las cosas son fatigosas, el hombre no puede expresarlas. No se sacia el ojo de ver, ni se cansa el oído de oír". Una larga caminata trae una profunda fatiga; una larga vida trae un profundo cansancio. ¿Cómo podría ser de otra manera, en un mundo tan manchado por el pecado y sus consecuencias? Cuanto más vivimos, más de este cansancio experimentamos, y este cansancio presiona nuestros cuerpos, nuestras mentes y nuestras almas.

Un pastor visitó una vez mi iglesia y me habló de las pruebas que él y su congregación habían sufrido. Lo más reciente y doloroso fue ver que unos amigos muy queridos habían perdido a su hijo por nacer. Sólo tenían una oportunidad de gestar un hijo y durante ocho meses y medio, el embarazo progresaba con normalidad. El día del nacimiento se acercaba rápidamente. Entonces, a sólo dos semanas de llegar a término, el niño murió y nació muerto. Qué tragedia. Qué dolor. Aquel día, de pie ante nosotros, dijo: *"Ahora mismo odio este mundo. Lo único que ha hecho es romperme el corazón. Ninguno de nosotros quiere quedarse aquí. Todo lo que hace este mundo es engañarte y fallarte.*

Promete demasiado y no cumple". Él expresaba el cansancio de vivir en este mundo pecaminoso y doloroso; un mundo de muerte, destrucción y decadencia, un mundo que proporciona tan poco propósito y significado a nuestro sufrimiento. Una mayor edad conduce a una mayor tristeza. Lleva a la tristeza del cansancio.

EL DOLOR DE LA SIEGA

También existe el dolor de la siega. Segar es un término agrícola que se refiere a la recolección de la cosecha. Aquello que el agricultor planta en primavera lo cosecha en otoño. Recoge lo que primero sembró. Pablo advierte: "No os dejéis engañar, de Dios nadie se burla; porque todo lo que el hombre siembre, eso también segará. Porque el que siembra para su propia carne, de la carne segará corrupción" (Gálatas 6:7-8a). En última instancia, y lo que es más importante, esta cosecha tendrá lugar después del juicio final, cuando Dios "pagará a cada uno conforme a sus obras" (Romanos 2:6). Pero esta cosecha comienza ahora, incluso para los creyentes, ya que la siembra y la cosecha son principios espirituales tanto en la vida como en la muerte.

Sembrar para la carne implica perseguir el pecado, así como dejar de buscar el bien. Implica profundizar en la depravación, así como no crecer en la justicia. Implica recoger las consecuencias naturales de nuestro pecado. El hombre que siembra adulterio cosecha un matrimonio destrozado. El que siembra fraude cosechará prisión. La mujer que siembra discordia cosecha soledad. La que siembra autogratificación cosecha adicción. Y así sucesivamente. A medida que se vive más y se siembra más pecado, se cosecha más corrupción. Gran parte del pecado que se siembra en la juventud permanece latente en la tierra, hasta que por fin estalla y se cosecha en la vejez. El agricultor que siembra cizaña en la primavera, no puede sorprenderse cuando llegue el otoño y todo lo que tenga para cosechar sea cizaña.

La persona que siembra una vida de pecado no puede sorprenderse cuando llegue el otoño de su vida, y todo lo que tenga para recoger sea pecado. Porque "todo lo que un hombre siembra, eso también cosechará".

EL DOLOR DE LA MORTALIDAD

Además, a todo este dolor se suma el dolor de la mortalidad: el conocimiento de la proximidad segura de la muerte. Como hemos visto, Eclesiastés 12 habla de la decadencia del cuerpo, pero también de su inevitable final:

> Porque el hombre va a su morada eterna mientras los del duelo andan por la calle. Acuérdate de Él antes que se rompa el hilo de plata, se quiebre el cuenco de oro, se rompa el cántaro junto a la fuente, y se haga pedazos la rueda junto al pozo; entonces volverá el polvo a la tierra como lo que era, y el espíritu volverá a Dios que lo dio. Vanidad de vanidades, dice el Predicador, todo es vanidad (Eclesiastés 12:5b-8).

Salomón nos presenta la imagen de una cuerda de lino que sostiene un cántaro de arcilla, un medio para extraer el alimento y el refresco. Con el tiempo, la cuerda se desgasta por la edad y el uso. Hebra por hebra, esta comienza a deshilacharse, y entonces, sucumbe a lo inevitable. La cuerda se rompe y el cántaro cae a las profundidades, haciéndose pedazos. Esa es la fragilidad de la vida y la inevitabilidad de la muerte.

Parte del dolor de envejecer, es el dolor de saber que ahora estamos más cerca de la muerte que antes. Estamos un día más cerca de la muerte que hace un día, un momento más cerca de la muerte que hace un momento. Ese tiempo ha pasado y nunca podremos recuperarlo. Los sueños que teníamos se quedarán sin cumplir, las misiones que queríamos realizar se quedarán sin hacer. Los amigos que hemos querido se han ido antes que nosotros, y sentimos el dolor de su ausencia. Esa es la realidad de la vida en este mundo, un mundo en el que todos pasamos por un tiempo hasta llegar al final de nuestro tiempo.

EL DOLOR DEL MIEDO

Por último, está el dolor del miedo. Con la debilidad, el cansancio, la siega y la inevitable proximidad de la muerte, viene el miedo. No podría ser de otra manera. En el Salmo 71, el rey David expresa algo de este miedo. Mirando hacia la vejez, ora: "No me rechaces en el tiempo de la vejez; no me desampares cuando me falten las fuerzas" (Salmo 71:9). David expresa parte del temor que acompaña a la edad; el temor de que, al envejecer, se encuentre solo, sin un aliado, y sin nadie que lo cuide en sus últimos días.

A medida que los cuerpos se desvanecen y las mentes disminuyen, el miedo aumenta. Por supuesto que sí. Este mundo ya da bastante miedo cuando somos fuertes y capaces. Cuán más temible es cuando somos débiles y vulnerables, y cuando dependemos de otros para nuestro cuidado, nuestro sustento y nuestra protección. Hay una razón por la que tanta gente se aprovecha de los ancianos, y por la que los ancianos necesitan nuestro especial cuidado y protección. La edad avanzada está plagada de muchos peligros que conducen al dolor del miedo.

CINCO PENAS, UNA ESPERANZA

Aquí, entonces, hay cinco dolores que vienen con la edad, incluso para los cristianos: el dolor de la debilidad, el dolor del cansancio, el dolor de la cosecha, el dolor de la mortalidad y el dolor del miedo. Estas cinco penas estarían ausentes en un mundo perfecto y sin pecado, pero están presentes y son universales en un mundo como éste. Las cinco vienen con el envejecimiento y aumentan con el paso del tiempo.

Cuando miramos el envejecimiento de esta manera,

vemos que la muerte es el crescendo de un millón de penas. Estamos muriendo desde el momento en que nacemos. Tan pronto como empezamos a movernos en el tiempo, nos dirigimos hacia el final del mismo.

Si estas penas son inevitables, ¿cómo podemos prepararnos? ¿Cómo podemos afrontarlas bien sin sucumbir a la desesperación, a la perversión, a la embriaguez, a la amargura o a otros cien vicios? Necesitamos armarnos de un carácter que nos fortalezca y nos sostenga. Tenemos que aceptar las alegrías y las responsabilidades que conlleva el envejecimiento. Pero sólo podemos hacerlo si primero conocemos a Cristo.

La vida de Cristo comenzó con las más altas cuotas de alegría, y terminó con dolores tan profundos que se le llama, con razón, Varón de Dolores (Isaías 53:3). Mientras vivía, experimentó la debilidad y el cansancio, el miedo y la inevitabilidad de la muerte. Y aunque era impoluto, sin mancha alguna por el pecado, perfecto en todo pensamiento, palabra y obra, aún así cosechó las temibles consecuencias del pecado: nuestro pecado. Porque en la cruz cargó con él, sufriendo todo su tormento, pagando todo su precio. Pero se levantó. Resucitó. Y ahora ofrece el perdón y la vida a todos los que pongan su fe en Él. Los que creen en Cristo tienen una esperanza que dura más que la vida y que la muerte. Tienen la esperanza segura de la resurrección, de una vida renovada, de una vida restaurada, de la vida eterna. Su gracia les capacita para soportar las penas, experimentar las alegrías y asumir las responsabilidades que trae consigo la edad.

Quiero cerrar este capítulo con una palabra de aliento para aquellos que están tentados a desesperarse por lo que pueden cosechar en la vejez. Tal vez Cristo te salvó más tarde en la vida, después de que mucho daño ya había sido hecho. Tal vez Cristo te salvó cuando eras un niño o un adolescente, pero desde entonces has pasado muchos años en la apatía o la desobediencia. Necesitas saber que la gracia de

Dios es suficiente para redimir tus fracasos. A causa de su gracia, ninguno de nosotros experimenta toda la cosecha negativa que debería. A causa de su gracia, ninguno de nosotros tiene que temer ni un momento de esta vida o de la vida venidera. Sí, todavía puede haber consecuencias por tu pecado, pero puedes estar seguro que esto no será sin propósito. Incluso esto se encontrará que ha sido utilizado por Dios para sus buenos propósitos. Anímate. "Espera al Señor; esfuérzate, y aliéntese tu corazón. Sí, espera al Señor". (Salmo 27:14).¿De qué manera crees que estás dando un buen ejemplo a la gente de tu iglesia? Ora y da gracias a Dios por cada una de ellas. ¿De qué manera crees que no estás dando un buen ejemplo a la gente de tu iglesia? Ora y pide a Dios que te cambie con su gracia.

CAPÍTULO 2

Una mayor edad trae consigo mayor gozo

Hemos sido creados para existir en el tiempo, para envejecer a medida que avanzamos en los años que nos han sido asignados. Hasta ahora vimos cómo el envejecimiento puede traer tremendas penas: las penas de la debilidad, el cansancio, la cosecha, la mortalidad y el miedo. Pero no sólo experimentamos penas. También experimentamos alegrías. Algunas de ellas se extienden tanto a los creyentes como a los incrédulos, pero Dios reserva las más selectas para aquellos que viven para su gloria.

Las penas crecientes que vienen con la edad provienen de una exposición más prolongada a nuestra depravación, a la depravación de los demás y a las lamentables consecuencias del pecado en este mundo. En cambio, las alegrías crecientes provienen de una exposición más prolongada pero a los medios de gracia dados por Dios, a su Espíritu actuando a través de su Palabra, y a su obra interior de renovación. Sin Cristo no podemos conocer ninguna de estas alegrías superiores, pero en Cristo podemos anticiparlas, experimentarlas y disfrutarlas todas.

En el capítulo anterior, vimos cinco penas que vienen con la edad y aumentan con ella. Ahora pasaremos a considerar cinco alegrías que evidencian que una mayor edad trae consigo mayor gozo.

EL GOZO DE LA SABIDURÍA

A medida que envejecemos, experimentamos el gozo de la

sabiduría. Uno de los principios que se repiten en la Biblia es la asociación de la juventud con la necedad, y de la edad con la sabiduría. Job dice: "En los ancianos está la sabiduría y, en largura de días, el entendimiento" (Job 12:12). El propósito del libro de los Proverbios es "dar a los simples prudencia, y a los jóvenes conocimiento y discreción", exhortar a los jóvenes a renunciar a su necedad innata y abrazar la sabiduría (Proverbios 1:4). Esta sabiduría es mucho más que un conocimiento de cómo navegar por la vida y cumplir responsabilidades. La verdadera sabiduría bíblica consiste en despojarse del ateísmo práctico que vive en nosotros y revestirse del modo de pensar que brota de la mente y el corazón de Dios. "El temor del Señor es el principio de la sabiduría" (Proverbios 1:7a).

A medida que envejecemos en Cristo, aprendemos más de la Biblia, y echamos raíces más profundas en nuestras vidas. Y a medida que pasan los años y nos comprometemos con los medios de gracia dados por Dios, el Espíritu Santo renueva progresivamente nuestra mente y nos transforma desde adentro (Romanos 12:1-2). La sabiduría es como el café, no como el Kool-Aid. Podemos añadir un paquete de Kool-Aid al agua, darle una rápida agitación y ya está listo. Pero el café necesita filtrarse, ya que para extraer todo el sabor, el agua tiene que pasar por el filtro una y otra vez. La sabiduría requiere tiempo, precisa de años de meditación, años en los que la Palabra de Dios se filtra en nuestras mentes, transformando nuestra forma de vivir y de pensar. El sabor pleno de la sabiduría se experimenta al final de la vida, no al principio. A medida que envejecemos, experimentamos la alegría creciente de una sabiduría cada vez mayor.

EL GOZO DE LA PIEDAD

El gozo de la sabiduría está estrechamente relacionado con el gozo de la piedad. Proverbios 16:31 dice: "La cabeza canosa es corona de gloria, y se encuentra en el camino de la justicia". La edad se asocia con la piedad, y una mayor edad con una mayor piedad. La piedad trae la cercanía a Dios, la intimidad relacional con él. "Acercaos a Dios, y él se acercará a vosotros", dice Santiago (4:8). El paso del tiempo nos da la ocasión de leer y aplicar más la Palabra de Dios. Cada año que pasa da más tiempo para que el Espíritu imprima la verdad que hemos aprendido en nuestros corazones, y continúe su obra interior de restauración. Cada día nos da una nueva oportunidad de aprovechar el poder del Espíritu para hacer morir el pecado y revivir la justicia en nosotros. A medida que pasan los años, escuchamos más sermones, disfrutamos más de la comunión cristiana, participamos en la Cena del Señor una y otra vez. Dios trabaja a través de todo esto, a través de cada uno de estos medios ordinarios, para llevarnos a una relación más cercana y profunda con Él. Así, a medida que pasa el tiempo, los depravados se vuelven más depravados; mientras que los piadosos se tornan más piadosos.

Pablo encontró gozo en esto, y contrastó un cuerpo que se desvanece con un alma que surge. "Por tanto no nos desfallecemos, antes bien, aunque nuestro hombre exterior va decayendo, sin embargo, nuestro hombre interior se renueva de día en día" (2 Corintios 4: 16-18). ¡Qué alegría! Como cristianos, experimentamos la renovación diaria de Dios, que continúa y aumenta a medida que envejecemos. El interés financiero se acumula, de modo que los pequeños depósitos constantes a lo largo de la vida conducen a la riqueza necesaria para una jubilación cómoda. La piedad también se acumula, de modo que las pequeñas y constantes ganancias sobre el pecado y los pequeños y constantes actos de justicia conducen a un gran tesoro de piedad en la vejez. Al mirar al futuro, seremos más piadosos de lo que somos hoy, más piadosos de lo que jamás nos atrevimos a imaginar. Seguimos llegando a ser como Cristo hasta el día en que veamos el rostro de Cristo.

EL GOZO DEL RESPETO

Con el envejecimiento también experimentamos el gozo del respeto, es decir, el derecho a ser respetados por los más jóvenes. Levítico 19:32 establece este principio: "Delante de las canas te pondrás de pie; honrarás al anciano, y a tu Dios temerás". La Biblia exige que los jóvenes honren y respeten a los ancianos, lo que está estrechamente alineado con el respeto a Dios, ya que Él ha ordenado que los ancianos guíen a los jóvenes; para que la sabiduría de los mayores influya y frene la locura juvenil.

Este respeto no debe manifestarse sólo con palabras y actitudes ("honrarás al anciano"), sino también con acciones ("delante de las canas te pondrás de pie"). Los jóvenes deben interesarse por los ancianos; asistirlos, visitarlos, incluirlos, hacerse amigos de ellos y buscar su sabiduría. Aunque la cultura occidental contemporánea desprecia la edad y celebra la juventud, los jóvenes cristianos deben honrar a los ancianos. Y los ancianos deben aceptar tanto el honor y el privilegio, como la responsabilidad que ello conlleva. Los que han alcanzado la edad son dignos de honor, pero los que han alcanzado la sabiduría y la piedad a través de los años son dignos de doble honor.

EL GOZO DE LA SIEGA

Luego está el gozo de la siega. Ya hemos visto en las palabras de Pablo en Gálatas que aquellos que viven una vida corrupta cosecharán las terribles consecuencias, incluso en este lado de la tumba. Hay dolor en la cosecha, pero también hay gozo. "No os dejéis engañar, de Dios nadie se burla; pues todo lo que el hombre siembre, eso también segará. Porque el que siembra para su propia carne, de la carne segará corrupción, pero el que siembra para el Espíritu, del Espíritu segará vida eterna" (Gálatas 6:7-8, énfasis añadido). Incluso en esta vida, podemos experimentar los beneficios de vivir para la gloria de Dios; esto es, la sabiduría, el respeto y la piedad que vienen con el envejecer en Cristo. Aquellos que siembran buena semilla comienzan a cosechar incluso ahora, y lo hacen en mayor medida mientras la vida va pasando. Pero hay más.

A medida que envejecemos, empezamos a experimentar nuevas alegrías; alegrías que no podemos experimentar si no envejecemos. Algunos recogen la preciosa cosecha de hijos y nietos que conocen y aman al Señor. Proverbios 17:6 declara: "Corona de los ancianos son los hijos de los hijos" (LBLA). Otros cosechan la recompensa del servicio fiel. Cuando Pablo le escribe a Timoteo para discutir el orden adecuado de la iglesia local, le instruye para que honre a las viudas que han servido bien a la iglesia, y que las cuide como retribución por todas las formas en que ellas cuidaron a otros (1 Timoteo 5:1-16). Lo mismo se espera de los hijos hacia sus padres: "Pero si alguna viuda tiene hijos o nietos, que aprendan éstos primero a mostrar piedad para con su propia familia y a recompensar a sus padres, porque esto es agradable delante de Dios" (1 Timoteo 5:4). A medida que progresamos en la vida, empezamos a experimentar las hermosas consecuencias de una vida vivida conforme a la voluntad de Dios, y para su gloria.

EL GOZO DE LA MORTALIDAD

Por último, está el gozo de la mortalidad. Sabemos que la proximidad de la muerte trae consigo el dolor, pero también alegría. Podemos pensar en Simeón, el anciano que conoció al niño Jesús en el templo. "Él tomó al Niño en sus brazos, y bendijo a Dios y dijo: Ahora, Señor, permite que tu siervo se vaya en paz, conforme a tu palabra; porque han visto mis ojos tu salvación". (Lucas 2:28-30). Después de toda una vida sirviendo a Dios, el querido Simeón pudo partir en paz y confiado porque había visto a Cristo. Conoció a su Salvador, esperaba la muerte y la paz eterna; la recompensa eterna.

El apóstol Pablo consideraba la muerte como una fuente de alegría, no como una pena. "Pues para mí, el vivir es Cristo y el morir es ganancia" (Filipenses 1:21). De hecho, estaba deseoso de morir ("Teniendo el deseo de partir y estar con Cristo, pues eso es mucho mejor", Filipenses 1:23b), aunque también estaba dispuesto a permanecer para servir al pueblo de Dios ("Y, sin embargo, continuar en la carne es más necesario por causa de vosotros", Filipenses 1:24). Con la confianza de conocer a Cristo, podía proclamar: "Devorada ha sido la muerte en victoria'. ¿Dónde está, oh, muerte, tu victoria? ¿Dónde, oh, sepulcro, tu aguijón?" (1 Corintios 15:54b-55).

El envejecimiento trae consigo una mayor conciencia de la inevitable proximidad de la muerte. Pero para el cristiano, la muerte ha perdido su aguijón, su terror. Es la puerta de entrada a estar más vivos que nunca, la puerta de entrada a Cristo mismo. Cada día que envejecemos en Cristo, nos acercamos un día más a verle, a abrazarle y a disfrutar de su presencia para siempre ¡Qué alegría!

CINCO GOZOS

El envejecimiento se asocia a las penas, pero también a las alegrías. La Biblia promete tesoros en esta vida y en la próxima, para aquellos que envejecen en Cristo. Existe el gozo de la sabiduría, de la piedad, del respeto, de la siega y de la mortalidad. Y Dios es fiel en proveer lo que ha prometido.

A medida que envejecemos, nuestra fuerza física disminuye. Sin embargo, incluso cuando la fuerza física falla, la fuerza espiritual surge. El tiempo, enemigo del cuerpo, es amigo del alma. Cuando somos jóvenes, somos físicamente fuertes y espiritualmente débiles; pero cuando somos viejos, somos espiritualmente fuertes y físicamente débiles. Con una recompensa tan grande por delante, el desafío es claro: si queremos vivir las vidas más significativas, vidas que glorifiquen a Dios, debemos envejecer en Cristo. Envejecer en Cristo no eliminará todas las penas, pero añadirá las alegrías.

A medida que avanzamos, debemos hacernos estas preguntas: ¿Cómo podemos afrontar bien las penas inevitables, para que no nos lleven a la amargura, a la embriaguez o a los demás vicios infames que se apoderan de tantos al envejecer? ¿Cómo podemos experimentar la plenitud de estas alegrías? Combatimos las penas y potenciamos las alegrías asumiendo las responsabilidades que Dios nos ha dado al envejecer y creciendo cada vez más en el carácter que Él aprueba.

CAPÍTULO 3

La Carrera

Este folleto comenzó con la imagen de una prisión o un palacio. Te pregunté qué tipo de hogar estás preparando para ti a medida que envejeces: un lugar de triste cautiverio o uno de alegre comodidad. Tomé prestada esta metáfora de uno de mis escritores favoritos de antaño. Ahora me gustaría introducir una segunda metáfora, extraída directamente de la Biblia: la vida como un evento deportivo.

Como escribió Pablo a la iglesia de Corinto:

¿No sabéis que los que corren en el estadio, todos en verdad corren, pero solo uno obtiene el premio? Corred de tal modo que ganéis. Y todo el que compite en los juegos se abstiene de todo. Ellos lo hacen para recibir una corona corruptible, pero nosotros, una incorruptible. Por tanto, yo de esta manera corro; no como sin tener meta; de esta manera peleo, no como dando golpes al aire, sino que golpeo mi cuerpo y lo hago mi esclavo, no sea que habiendo predicado a otros, yo mismo sea descalificado (1 Corintios 9:24-27).

Así como una metáfora sobre el tenis podría resonar en una congregación cercana a Wimbledon, esta metáfora atlética hizo resonancia en la iglesia de Corinto. Dado que en Corinto se celebraban los Juegos Ístmicos bianuales, los corintios estaban familiarizados con los eventos y sus agotadores regímenes de entrenamiento. En este caso, Pablo describe a los corredores y a los boxeadores, que se entrenan sin descanso para poder rendir al máximo y ganar el gran premio. El autor de Hebreos utiliza una metáfora de carrera similar cuando dice: "Por tanto, puesto que tenemos en derredor nuestro tan gran nube de testigos, despojémonos también de todo peso y del pecado que tan fácilmente nos envuelve, y corramos con paciencia la carrera que tenemos por delante, puestos los ojos en Jesús..." (Hebreos 12:1-2).

La vida es una carrera que exige los más altos niveles de preparación. Exige estrategias cuidadosamente planificadas, profundas reservas de resistencia y un deseo abrumador de romper la cinta de la victoria. Sin embargo, esta carrera se diferencia de cualquier otra en que no competimos unos contra otros, sino contra nosotros mismos y contra los grandes enemigos de todo cristiano: el mundo, la carne y el diablo. Los que no se preparan para esos obstáculos y no los superan no terminarán la carrera, sino que serán vergonzosamente descalificados.

Pablo estaba convencido de haber corrido bien esta carrera, pues al final de su vida le dijo a Timoteo: "He peleado la buena batalla, he terminado la carrera, he guardado la fe. En el futuro me está reservada la corona de justicia que el Señor, el Juez justo, me entregará en aquel día; y no sólo a mí, sino también a todos los que aman su venida" (2 Timoteo 4:7-8). Tenemos este tipo de mentalidad atlética en muchas otras áreas de la vida: nuestras carreras, nuestra salud, nuestros pasatiempos. Y, sin embargo, muchos de nosotros pensamos que el envejecimiento piadoso es un paseo por el parque, algo que simplemente "sucederá" con el paso del tiempo. Pero Pablo nos dice aquí que la piedad sólo llegará con planificación y gran esfuerzo. Requiere el mismo nivel de diligencia y disciplina que los atletas aportan a su entrenamiento. ¿Cómo te va en esta gran lucha, en esta gran competición?

Ahora mismo estás corriendo tu carrera. Sólo Dios sabe si la meta está cerca o lejos. Pero tanto si está cerca como si está lejos, tú tienes la responsabilidad de correr bien, y de hacerlo de tal manera que termines la carrera en victoria.

CAPÍTULO 4

Una mayor edad trae consigo una mayor responsabilidad

Envejecer es una realidad universal en este mundo, pues a medida que el tiempo avanza, nosotros avanzamos con él. Este proceso trae consigo muchas penas, ya que enfrentamos una mayor exposición al pecado que vive dentro de nosotros, así como aquel que contamina todo lo que nos rodea. Pero al mismo tiempo, envejecer también es acompañado de muchas alegrías, ya que experimentamos las ricas bendiciones de Dios; especialmente, a medida que recibimos una mayor exposición a su obra renovadora. Si las penas son inevitables, ¿hay alguna manera de vivir que pueda disminuir su impacto? ¿Hay algo que podamos hacer para que esas penas no nos lleven a la amargura, al vicio o a la desesperación? Y si las alegrías son posibles, ¿hay una manera de vivir que nos permita experimentar más de ellas, en toda su plenitud?

Una de las formas de disminuir las penas y aumentar las alegrías al envejecer, es aceptar la responsabilidad que este proceso conlleva. A lo largo de la Biblia, Dios asocia el envejecimiento con la responsabilidad; ya que, con el aumento de la edad, la responsabilidad aumenta. Aquí hay cinco de las responsabilidades que vienen con la edad, y aumentan con la misma.

LA RESPONSABILIDAD DE LA MADUREZ

Con la edad llega la responsabilidad de la madurez. Sin importar nuestra edad, o el tiempo que hayamos sido cristianos, es nuestra responsabilidad actuar conforme a ella; tenemos que madurar y seguir creciendo. Vemos la conexión entre el tiempo y la madurez en muchos lugares del Nuevo Testamento, pero particularmente en la carta a los Hebreos, donde un pastor preocupado desafía a su iglesia en este aspecto: "Acerca de esto tenemos mucho que decir, y es difícil de explicar, puesto que os habéis hecho tardos para oír. Pues aunque ya debierais ser maestros, otra vez tenéis necesidad de que alguien os enseñe los principios elementales de los oráculos de Dios, y habéis llegado a tener necesidad de leche y no alimento sólido" (Hebreos 5:11-12). Él recuerda a su congregación que ha pasado mucho tiempo desde que llegaron al conocimiento salvador de Jesucristo. Ese tiempo les ha dado la oportunidad de madurar, pero no lo han hecho. Mientras que su edad física ha aumentado, su madurez espiritual ha disminuido. Él les advierte: ¡Necesitan madurar! ¡Necesitan actuar conforme a su edad espiritual! Por supuesto, muchos abrazan el cristianismo más tarde en la vida, lo que afectará su nivel de madurez espiritual en la vejez. Pero el hecho es que los hombres y mujeres mayores que son cristianos de edad avanzada, llevan la responsabilidad de su madurez espiritual.

A nuestra creciente madurez, debemos añadir humildad, para no actuar por encima de nuestra posición y sobrepasar los límites de nuestra edad. No debemos hablar como si tuviéramos autoridad donde aún no la tenemos, de este modo: el hombre que lleva dos años casado no puede hablar como si llevara veinte; y la mujer cuyo hijo mayor es un niño pequeño, debe guardarse de hablar como si ya hubiera criado con éxito a sus hijos hasta la independencia. Pablo advierte a Timoteo: "No reprendas con dureza al anciano, sino, más bien, exhórtalo como a padre..." (1

Timoteo 5:1a). El joven Timoteo no tenía por qué reprender a un hombre mayor, pero si tenía que exhortar a un hombre mayor que vivía en pecado, sin embargo, debía hacerlo con respeto y humildad.

A medida que envejecemos, adquirimos la responsabilidad de actuar de forma adecuada a esa edad. Esto es cierto tanto para nuestra edad física como para nuestra edad espiritual. ¡Tenemos que crecer!

LA RESPONSABILIDAD DEL COMPROMISO

Adicional a esto se encuentra la responsabilidad del compromiso, especialmente en la iglesia local. Cuando somos jóvenes, puede ser fácil y emocionante estar profundamente comprometidos con una comunidad eclesiástica. Pero cuando llegamos a la edad adulta y seguimos envejeciendo, la vida tiene una forma de interferir; incluso, con algo tan valioso como la iglesia. Los deberes de la vida amenazan con alejarnos de nuestras amistades, nuestro servicio e incluso nuestro culto. La educación, el trabajo, los hijos, los nietos y los pasatiempos son tremendas bendiciones, pero pueden disminuir nuestro compromiso y participación en la iglesia. O tal vez las cargas de la edad y las penas de la vida pueden hacer que nos apartemos.

Hacemos bien en escuchar la alabanza y la oración de David en el Salmo 71: "Oh Dios, tú me has enseñado desde mi juventud, y hasta ahora he anunciado tus maravillas. Y aún en la vejez y las canas, no me desampares, oh Dios, hasta que anuncie tu poder a esta generación, tu poderío a todos los que han de venir" (17-18).

Incluso en la vejez, con el cabello blanco, David sabía que era su responsabilidad proclamar el poder de Dios a la siguiente generación, ya que la sabiduría y la piedad que representaban sus canas, eran exactamente lo que esta necesitaba. Sus años le habían permitido acumular sabiduría, madurez y humildad en grandes cantidades; algo que le faltaba desesperadamente a sus hijos, y a los hijos de sus hijos. David decidió que nunca utilizaría su edad como excusa, y comprendió que los años vividos traían consigo una mayor responsabilidad. Por ello, decidió que se mantendría involucrado y continuaría invirtiendo su vida para la gloria de Dios.

LA RESPONSABILIDAD DEL EJEMPLO

También está la responsabilidad del ejemplo, de evidenciar el carácter y la conducta que agradan a Dios. Esperamos poco de los niños, cuando se trata de mostrar esos rasgos, pero cuando se llega a la adolescencia y luego se pasa a los 20 y 30 años, esperamos mucho más, y con razón. Con la edad adquirimos la responsabilidad especial de dar ejemplo a los que son más jóvenes que nosotros. Tito 2:2-3 establece formas específicas en las que las personas mayores deben servir de ejemplo a los más jóvenes: "Los ancianos deben ser sobrios, dignos, prudentes, sanos en la fe, en el amor y en la perseverancia. Asimismo, las ancianas deben ser reverentes en su conducta: no calumniadoras ni esclavas de mucho vino, que enseñen lo bueno". Los hombres mayores deben cultivar y mostrar rasgos de carácter específicos, los que son apropiados para su edad y que faltan en los más jóvenes. También las mujeres mayores adquieren nuevas responsabilidades de carácter y conducta, que sirven de ejemplo a las de menor edad.

No importa nuestra edad, somos responsables de dar ejemplo a los demás, y especialmente a los que son más jóvenes que nosotros. En el diseño de Dios, tendemos a mirar a las personas que están un poco más adelantadas. Los admiramos, los imitamos, queremos ser como ellos. Por eso, todos debemos mostrar un carácter y conducta que sirvan de ejemplo a los que pronto tendrán nuestra edad física y espiritual. Y cuanto más envejecemos, más crecemos en esta responsabilidad especial.

LA RESPONSABILIDAD DEL MENTOREO

Estrechamente relacionada con la responsabilidad del ejemplo, está la responsabilidad del mentoreo. No basta con dar ejemplo, también debemos interesarnos por las personas que son más jóvenes que nosotros e involucrarnos en sus vidas, al enseñarles y capacitarles deliberadamente. El pasaje de Tito 2 continúa de esta manera: "Las ancianas... que enseñen lo que bueno; que enseñen a las jóvenes a que amen a sus maridos, a que amen a sus hijos, a ser prudentes, puras, hacendosas en el hogar, amables, sujetas a sus maridos, para que la palabra de Dios no sea blasfemada. Asimismo, exhorta a los jóvenes a que sean prudentes" (versículos 3-6).

En virtud de su edad, junto con la sabiduría y la piedad que la acompañan, las mujeres mayores adquieren la responsabilidad de enseñar y entrenar a las mujeres más jóvenes. Deben enseñar a estas mujeres a ejercitar la sabiduría, a mostrar piedad y, a su vez, a dar ejemplo a la generación que las seguirá. Los hombres mayores adquieren la misma responsabilidad hacia los hombres de menor edad.

Es como si el cristiano maduro hubiera estado subiendo un sendero por una montaña larga y empinada. Algunos tramos han requerido todo el esfuerzo y toda la habilidad para recorrerlos con seguridad. Casi ha llegado a la cima, pero se vuelve para ver a un amigo que viene detrás, quien ha progresado mucho, pero ha llegado a una parte del camino que es especialmente peligrosa. ¿Qué debe hacer nuestro líder? Ayudar, por supuesto. Aunque no tenga la fuerza para llevar a su joven amigo montaña arriba, tiene la experiencia para enseñarle y la sabiduría para guiarlo. A medida que envejecemos, cada uno de nosotros se hace responsable de los que envejecen detrás de nosotros.

LA RESPONSABILIDAD DE LA VIGILANCIA

Otra responsabilidad que viene con la edad y que aumenta con el envejecimiento, es la vigilancia. Tendemos a asociar la caída en el pecado con la mocedad, con el deseo de placer desenfrenado que caracteriza a tantos jóvenes. Leemos las alarmantes estadísticas sobre el número de jóvenes que se alejan de la religión de sus padres, tan pronto como adquieren su independencia. Sin embargo, la edad avanzada no hace más que acentuar la necesidad de vigilancia, ya que, como advierte Pablo: "Por tanto, el que cree que está firme, tenga cuidado, no sea que caiga" (1 Corintios 10:12).

Hay algunos—tal vez muchos—, que caen durante su vejez. Podemos pensar en el joven Salomón, que parecía ser tan prometedor y mostraba tanta sabiduría. Sin embargo, "...cuando Salomón era ya viejo, sus mujeres desviaron su corazón tras otros dioses, y su corazón no estuvo dedicado por entero al Señor su Dios, como había estado el corazón de David su padre" (1 Reyes 11:4). Salomón se dejó llevar por patrones de insensata desobediencia que duraron toda la vida. No supo vigilar su conducta y estuvo a punto de hacer naufragar su fe. Sólo la gracia de Dios detuvo las temibles consecuencias del pecado de Salomón.

Muchas personas profesan su fe en Cristo desde su juventud y caen antes del final. Algunos caen en sus primeros años, otros en la mitad, muchos cerca del final. Estos son los que fallan en abrazar y mantener la responsabilidad de la vigilancia.

CINCO RESPONSABILIDADES

Aquí tenemos cinco responsabilidades que nos llegan en virtud de la edad: la responsabilidad de la madurez, el compromiso, el ejemplo, el mentoreo y la vigilancia. Asumir estas responsabilidades ayuda a disminuir las penas que llegan a todos los que viven en este mundo, y a mejorar la plenitud de las alegrías que vienen con la edad. Asegura que nuestras canas serán una corona de gloria, en lugar de una corona de vergüenza (Proverbios 16:31).

CAPÍTULO 5

El árbol
que da fruto

Ahora vamos a añadir una tercera metáfora a nuestra colección: la de un árbol que da fruto. David habló de esto en el Salmo 92, el que es un canto de esperanza y confianza.

> El justo florecerá como la palma, crecerá como cedro en el Líbano. Plantados en la casa del Señor, florecerán en los atrios de nuestro Dios. Aun en la vejez darán fruto; estarán vigorosos y muy verdes, para anunciar cuán recto es el Señor, mi roca, y que no hay injusticia en Él. (Salmo 92:12-15)

Aquí David mira a los días que aún están por venir y declara su confianza en que incluso en la vejez Dios lo verá, lo amará y lo sostendrá. Se compara a sí mismo y a todos los creyentes con la gran palmera que da frutos y con el enorme cedro que supera a todos los demás en su grandeza y fuerza. Donde los malvados perecerán y se dispersarán, los justos florecerán y permanecerán. Incluso en la vejez, conocerán a Dios porque son conocidos por Él. Hasta su último aliento, declararán la grandeza de su Rey. Sus últimos días serán los más fructíferos: la debida recompensa de una vida vivida para su gloria.

¿Qué es lo que hace que estos árboles florezcan? Su cercanía a Dios. "Están plantados en la casa del Señor; florecen en los atrios de nuestro Dios". Estos, al igual que los árboles del Salmo 1, son alimentados por Dios para permanecer fuertes por siempre, y esto muestra que, sólo podemos envejecer bien cuando lo hacemos cerca de Dios.

Cuando Aileen y yo éramos jóvenes y estábamos a punto de casarnos, había una pareja de ancianos en la iglesia a los que llegamos a querer y respetar por encima de todos los demás. El Sr. y la Sra. Lubberts eran una querida pareja de ancianos que habían vivido en Holanda durante la Segunda Guerra Mundial y la ocupación alemana y, como muchos de sus compatriotas, habían emigrado a Canadá después de que la guerra llegara a su fin. Había dos cualidades que en ellos admirábamos especialmente: su gran piedad y su profundo y duradero amor mutuo. Estaban llenos de alegría y de piedad. Admirábamos a esta pareja y nos encantaba pasar tiempo con ellos. Uno de mis recuerdos más perdurables es verlos llegar a la puerta de la iglesia en su gran coche y entrar a ella cogidos de la mano, todavía enamorados después de 60 años de matrimonio.

Aileen y yo queríamos ser como los Lubbert. Todavía lo queremos. Ser piadosos como ellos lo fueron, y estar en el amor como ellos lo estuvieron, incluso en la vejez. El Señor nos da estos modelos de vejez piadosa para que podamos verlos, admirarlos e imitarlos. Ellos son un modelo de cómo envejecer bien, disfrutando de los buenos dones que Dios trae con la vejez.

El libro del Eclesiastés tiene un valor incalculable para quienes desean vivir una vejez piadosa. Proporciona una sabiduría inestimable sobre cómo relacionarse con las cosas del mundo. El autor se llama a sí mismo "Predicador", pero por lo que cuenta de sí mismo y por lo que la historia ha registrado de él, estamos seguros de que es el rey Salomón. Se trata del gran rey, sabio y poderoso, cerca del final de su vida. Deja a un lado su corona real para hablar como el sabio, como el Predicador. Este no es el joven, el constructor de templos, el hombre que enamora a su amante en el Cantar de los Cantares. Para entonces, Salomón había acumulado más riqueza, más posesiones y más poder de lo que cualquiera de nosotros podría imaginar. Comprendía cómo las cosas del mundo pueden robarnos la alegría. Pero también sabía mejor que nadie cómo disfrutar de los dones de Dios. Este es el hombre viejo y sabio que nos dice: "Así es como Dios quiere que viváis vuestras vidas. Desde mi perspectiva aquí, en la vejez, puedo ver ahora en qué consiste la vida".

No creo que ningún pasaje de las Escrituras haya moldeado mi vida en mayor medida que Eclesiastés 11:7 a 12:8. Lo escuché predicar cuando era adolescente, y desde entonces ha resonado en mi mente y en mi corazón. Me ha desafiado a reconocer esto: Los que quieren estar alegres en la vejez deben aprender a estarlo ahora. Y para estar alegres ahora, debemos aprender a disfrutar de los buenos regalos de Dios.

TRES MANERAS DE DISFRUTAR DE LA VIDA

El Predicador quiere realmente que estemos alegres. Quiere que vivamos la vida con plenitud. Que nos deleitemos en las cosas buenas de este mundo y en las cosas buenas que nos trae la vida. Quiere que apreciemos la belleza de una puesta de sol, que saboreemos una deliciosa comida, que nos entretengamos con una gran taza de café; quiere que miremos larga y profundamente a los ojos de la persona que amamos, que nos deleitemos con el chasquido de un bate al golpear una pelota. Todo esto es bueno y honra a Dios. Él hizo este mundo y todo lo que es delicioso en él, y quiere que lo disfrutemos. Damos gloria a Dios cuando nos deleitamos con sus buenos regalos.

En todos estos mandatos para disfrutar de la vida, el Predicador nos da tres potenciadores de la alegría, tres maneras de ayudarnos a encontrar los placeres más verdaderos y las mayores alegrías.

En primer lugar, *disfruta de la vida, pero reconoce que la juventud se acabará*. Dice: "Ciertamente, si un hombre vive muchos años, que en todos ellos se regocije, pero que recuerde que los días de tinieblas serán muchos"(11:8). Debemos saborear la vida mientras la vivimos. Si se nos conceden muchos años, somos libres ante el Señor para vivirlos todos sin tristeza y sin arrepentimiento. Esto es bueno y glorioso. Pero aunque nos alegremos de la vida, aunque vivamos con exuberancia juvenil, nuestro Predicador nos llama a ser conscientes de que la luz del día acabará dando paso a la oscuridad de la noche. El sol que sale tendrá que ponerse de nuevo y llegará la oscuridad. A la alegría de la juventud le seguirán las dificultades de la vejez y a las dificultades de la vejez le seguirá la muerte. Es correcto y bueno vivir al máximo. Pero se vive mejor cuando se tiene un ojo puesto en la eternidad y se tiene en cuenta que estos días buenos llegarán a su fin.

Reconocer el final nos ayuda. Refuerza que sólo tenemos una ocasión, una oportunidad. Esta vida no se puede vivir bien en retrospectiva, sino sólo en el momento. No se nos dará una segunda oportunidad para hacer la vida bien. No se nos dará una segunda oportunidad para hacer bien el día de hoy. Debemos vivirlo todo con alegría.

En segundo lugar, *disfruta de la vida, pero reconoce un juicio venidero.* "Alégrate, joven, en tu mocedad, y tome placer tu corazón en los días de tu juventud. Sigue los impulsos de tu corazón y el gusto de tus ojos; mas debes saber que por todas estas cosas, Dios te traerá a juicio" (11:9). Podríamos pensar que es demasiado arriesgado que nuestro Predicador llame a un joven a vivir según los caminos de su corazón y la luz de sus ojos. Esto podría verse fácilmente como una llamada al hedonismo, a vivir sólo por el placer de esta vida. Pero no es tan sencillo. Nuestra alegría en la vida ha de ser una alegría inocente, una alegría pura, moral y ética. Si miramos en otras partes del Eclesiastés, en otras partes de la Biblia, encontramos que Dios nos da límites y nos dice que vivamos dentro de ellos. ¿Por qué? Porque nos hizo y sabe que los mayores placeres se encuentran dentro de esos límites, no fuera de ellos. Dios se preocupa tanto por nuestra alegría que nos dice qué debemos evitar y qué debemos perseguir para encontrar la mayor alegría. Estos días de juventud y todos sus placeres se viven ante Dios, que sopesará y valorará cada uno de ellos.

En tercer lugar, *disfruta de la vida, pero reconoce la vanidad de la misma.* Dos veces nos dice el Predicador que la vida es vanidad. "Todo es vanidad" y "la mocedad y la primavera de la vida son vanidad" (11:10). La LBLA traduce esta palabra del hebreo como "vanidad", pero otra traducción aceptable es "vapor". Todo lo que viene entre la vida y la muerte es vapor. No es del todo insignificante y no es del todo inútil, pero es vapor, algo que hoy está aquí y mañana se va, como el polvo que se lleva el viento.

Lo que hacemos en esta vida importa. Sí, tiene mucha importancia. Pero nada de lo que hagamos aquí nos satisfará en última instancia, porque no durará para siempre. Antes, en el Eclesiastés, el predicador dice que Dios ha puesto la eternidad en nuestros corazones. ¿Cómo podría algo menos que la eternidad darnos la satisfacción final? Es cierto que hay cosas buenas en el mundo. Pero hemos sido creados para algo más que lo que este mundo puede proporcionar.

Esto es una advertencia para nosotros. Una advertencia de que estamos rodeados de falsas alegrías. Alegrías fraudulentas. Cosas que intentan convencernos de que van a satisfacernos, pero que sólo nos dejarán vacíos. En realidad, es una advertencia de que siempre tendremos la tentación de ser idólatras, de convertir el regalo en el dios.

Si queremos disfrutar plenamente de los placeres de la comida, debemos hacerlo con moderación, no con gula. Debemos disfrutarla como un regalo, no como un dios que nos controla. Si queremos disfrutar de los mayores placeres del sexo, debemos regocijarnos en el esposo o la esposa que Dios nos proporciona y encontrar la satisfacción sólo en él o ella. Todo gozo en esta vida está destinado a señalar más allá de sí mismo a quien nos permite experimentar tal gozo y tal placer.

Antes de continuar, el Predicador da una orden más sobre cómo vivir de esta manera. "Aparta de tu corazón la congoja, y aleja el sufrimiento de tu cuerpo" (11:10). Nos ordena que desechemos lo que nos impide disfrutar plenamente de la vida. No estés deprimido. No estés triste. No te amargues. No te pierdas la belleza del amanecer, porque sabemos que al final habrá un atardecer. No dejes que estos buenos regalos se estropeen sin disfrutarlos.

Vive. ¡Vive de verdad! Mientras estemos vivos, mientras tengamos energía, entusiasmo y capacidad, vivamos una vida plena y agradable. Persigue el placer, persigue las pasiones. Este es un tiempo limitado, pero un tiempo hermoso, destinado a ser disfrutado plenamente. La juventud es un regalo de Dios, y Él quiere que aceptemos y atesoremos su regalo. Estos días buenos, emocionantes y juveniles nos preparan para lo que vendrá. Son un campo de entrenamiento. En ellos establecemos la trayectoria del carácter que nos llevará a los días oscuros que vendrán y los atravesaremos.

Dios quiere que nos regocijemos. Nunca deberíamos sentirnos avergonzados por disfrutar de una taza de café matutina con la esposa de nuestra juventud. No deberíamos tratar de ocultar la felicidad que nos produce una canción bellamente compuesta o una película fascinante. Estos regalos están hechos para nuestro disfrute. Pero aún más, están hechos para señalarnos al dador. Así que disfruta de la vida, pero ten presente que la muerte se acerca. Disfruta de la vida, pero mantén tus ojos en el juicio que se avecina. Disfruta de la vida, pero pon tu esperanza en Dios y no en el vapor de sus regalos.

¿Por qué amamos a personas como los Lubert? Los amamos porque fueron alegres y piadosos en la vejez. Desde una edad temprana, supieron disfrutar del buen regalo del matrimonio, incluso mientras buscaban la piedad. Y esa alegría y esa piedad los sostuvo, incluso en los días más oscuros de la vejez. Eso lo vemos. Lo amamos. Lo queremos.

Y, con la gracia de Dios y obedeciendo Su Palabra, podemos
tenerlo.

CAPÍTULO 6

Una mayor edad trae consigo decisiones que marcan la vida

Recuerdo haber visto un anuncio cuando era niño, en el que un hombre vestido para la oficina corre detrás de un autobús, desesperado por pararlo antes de que se vaya sin él. Pero de pronto, en un instante, se encuentra en una playa donde ve a su yo del futuro, trotando bajo el sol de la mañana. Su yo del futuro le mira y le pregunta: "¿Sigues corriendo como una rata en la rueda?" "¡Eh, tú eres yo!", responde. Su futuro yo está jubilado, sano, libre. "La jubilación me sienta bien". "¿Jubilación? ¿Cómo podemos permitirnos eso?" ¿La respuesta? "Freedom 55".

Freedom 55, una empresa de planificación financiera, ofrecía una atractiva promesa: trabajar durante 30 años, jubilarse a los 55 y disfrutar de una larga y cómoda jubilación. Pero también ofrecía toda una filosofía de vida: la verdadera libertad se encuentra en el ocio. La buena vida es la vida libre, sin hijos, sin expectativas, sin vocación. Muchos viven con esto como su motivación, su destino, su cielo en la tierra. La Biblia ofrece algo mejor, algo mucho más desafiante pero mucho más satisfactorio.

Pablo, el veterano, escribe al joven Timoteo: "Más bien disciplínate a ti mismo para la piedad; porque el ejercicio físico aprovecha poco, pero la piedad es provechosa para todo, pues tiene promesa para la vida presente y también para la futura" (1 Timoteo 4:7b-8). La piedad es el objetivo de la vida de todo cristiano, porque es la única que da promesas para esta vida y la venidera. De alguna manera misteriosa, pero segura, la piedad que logramos en esta vida se traslada a la eternidad, y esa es una promesa que ningún plan de jubilación puede igualar. El sueño de la jubilación da cuenta de esta vida, pero no nos da nada cuando llega la muerte. Acumula suficiente tesoro para una jubilación sin preocupaciones, pero nos deja desamparados para lo que sigue. Sólo la piedad acumula tesoros en una cuenta que no puede ser tocada por la muerte. La filosofía de Freedom 55 es la mundanalidad, una forma de pensar alejada de la sabiduría de Dios.

La piedad ha de ser nuestro deseo y nuestro objetivo desde el momento de la conversión hasta el momento de la muerte. Mientras tanto, la mundanalidad será nuestra tentación. No importa nuestra edad, ni lo lejos que hayamos viajado en el tiempo, debemos perseguir implacablemente la piedad y evitar persistentemente la mundanalidad. Así como un atleta disciplina su cuerpo y su mente, y se dedica a la búsqueda de la excelencia, nosotros los cristianos debemos aplicar disciplina y dedicación a nuestra búsqueda de la piedad. Debemos entrenarnos y esforzarnos hasta completar nuestra carrera. Si alguna vez frenamos nuestra búsqueda de la piedad, ahora o en la vejez, negamos la conexión entre el ahora y el siempre. Negamos la resurrección.

Mientras entrenamos en la piedad, inevitablemente encontraremos tentaciones hechas a la medida para cada etapa de la vida. La mundanalidad se manifestará de diferentes maneras y tendremos que tomar decisiones. Así que, aquí, en el capítulo final, quiero compartir sabiduría para ayudarnos a evitar las tentaciones mundanas que vienen con el envejecimiento. No he corrido lo suficiente en mi carrera para tener esta sabiduría, por lo que leí media docena de libros escritos por corredores experimentados, por cristianos que escriben desde la perspectiva de los mayores en edad. Mientras leía, pregunté: ¿Cuáles son las elecciones que tendremos que tomar cuando al envejecer? ¿Qué opciones nos llevarán a envejecer bien? ¿Que decisiones necesitamos hacer ahora mismo? Esto es lo que aprendí:[2]

ELIGE LA DILIGENCIA EN LUGAR DE LA APATÍA

A medida que envejecemos, enfrentamos una tentación creciente hacia la apatía. Siendo jóvenes somos diligentes, nos entusiasmamos fácilmente con ideas, deseos y causas. Tenemos energía y entusiasmo a raudales. Pero a medida que envejecemos, mientras acumulamos responsabilidades y experimentamos penas, podemos enfrentarnos a una creciente apatía y menguante pasión por Dios. Romanos 12:11 ofrece una desafío que todo lo consume: "No seáis perezosos en lo que requiere diligencia, fervientes en espíritu, sirviendo al Señor". En palabras de J.C. Ryle, el celo o diligencia es *"un deseo ardiente de agradar a Dios, hacer su voluntad, hacer avanzar su gloria en el mundo en cada camino posible"*.[3] Es una devoción resuelta a Dios.

La diligencia en la vejez comienza con la diligencia de hoy, porque la diligencia enciende un gran fuego que nunca se quemará. Genera el entusiasmo por el Señor que nos sostendrá a través de lo que Salomón llama los muchos "días de tinieblas" por venir (Eclesiastés 11: 8). J.I. Packer dice: *"El desafío que enfrentamos no es dejar que [la salud en declive] nos frene espiritualmente, sino cultivar el máximo celo por la fase final de nuestra vida terrenal"*.[4] La complacencia en nuestros días de juventud conducirá a la apatía en nuestra días más viejos. Mucho mejor, el entusiasmo espiritual en nuestros días de juventud promoverá el celo y la diligencia hasta el final. El tramo final de nuestra carrera debería ser un *sprint* completo en nuestra búsqueda de la piedad. Piper ofrece este desafío: *"Sabiendo que tenemos la satisfacción de una herencia infinita y eterna en Dios justo en el horizonte de la vida, nos hace diligentes en nuestros pocos años restantes aquí para gastarnos en los sacrificios de amor, no en la acumu-*

lación de comodidades".[5] La diligencia en nuestros últimos días comienza con la diligencia en nuestros primeros días. Elige la diligencia hoy.

ELIGE LA DISCIPLINA EN LUGAR DE LA COMPLACENCIA

Si la apatía y la diligencia hablan de motivación, la complacencia y la disciplina hablan de acción. Específicamente, hablan de la acción de dar muerte al pecado y revivir a la justicia. En 1 Corintios 9:24-27, Pablo recurre a la metáfora de una carrera y advierte del alto coste de la inacción:

> ¿No sabéis que los que corren en el estadio, todos en edad corren, pero solo uno obtiene el premio? Corred de tal modo que ganéis. Y todo el que compite en los juegos se abstiene de todo. Ellos lo hacen para recibir una corona corruptible, pero nosotros, una incorruptible. Por tanto, yo de esa manera corro, no como sin tener meta; de esa manera peleo, no como dando golpes al aire; sino que golpeo mi cuerpo y lo hago mi esclavo, no sea que habiendo predicado a otros, yo mismo sea descalificado".

Pablo luchó contra la complacencia y persiguió la autodisciplina para que ningún pecado echara raíces en su vida y lo dejara avergonzado.

Cuanto más envejecemos, más necesitamos resistir la complacencia y, en cambio, disciplinarnos para dejar el pecado y vestirnos de justicia. Necesitamos disciplinar nuestros *cuerpos* para asegurarnos de que nos comportamos con autocontrol y no con lujuria. Tenemos que disciplinar nuestra *mente* para asegurarnos de no acoger los malos pensamientos. Necesitamos disciplinar nuestra *imaginación* para asegurarnos de que nos deleitamos en lo que es bueno y nos negamos a fantasear con lo que Dios prohíbe. Necesitamos disciplinar nuestras bocas para asegurarnos de que sólo decimos palabras que edifican. Tenemos que disciplinar nuestro *tiempo* para asegurarnos de que hacemos un uso eficaz de cada momento. En todos los sentidos, debemos ser disciplinados en nuestra búsqueda de Dios, construyendo hábitos de santidad. No debemos sucumbir a la facilidad de la complacencia.

ELIGE EL APRENDIZAJE EN LUGAR DEL ESTANCAMIENTO

Otra tentación del envejecimiento es la del estancamiento, especialmente en lo que respecta al aprendizaje. Los jóvenes carecen de conocimientos y sabiduría, por lo que sus años de juventud están llenos de aprendizaje. Pero, a medida que envejecemos, podemos llegar a creer que hemos aprendido lo suficiente para llegar al final. Sin embargo, la vida cristiana es una renovación constante de la mente, la cual depende de la acumulación del conocimiento de Dios contenido en Su Palabra. Hasta que nuestras mentes hayan sido completamente purificadas del pecado y llenas de justicia, debemos continuar aprendiendo. "Y no os adaptéis a este mundo, sino transformaos mediante la renovación de vuestra mente, para que verifiquéis cuál es la voluntad de Dios: lo que es bueno, aceptable y perfecto" (Romanos 12:2).

La transformación completa y final de nuestras mentes vendrá solo en la presencia de Cristo. Hasta entonces, todavía hay pecado que limpiar, sabiduría que aplicar, verdad para disfrutar. Donald y George Sweeting señalan que una característica de los que terminan bien es que tienen un espíritu enseñable a lo largo de su vida. "Enseñables" significa que mantienen una postura humilde y están abiertos a recibir correcciones a mitad del curso. Los que terminan bien nunca dejarán de hacer esto, ya que son aprendices de por vida. Ellos aprenden de la lectura, de mirar y escuchar a los demás, y de la vida misma. Esto evita que se estanquen.[6]

Aprendemos no sólo para nuestra propia santificación, sino también para el beneficio de los demás. Cuando compartimos lo que hemos aprendido con los que nos rodean, ellos también son edificados en la fe. No podemos dejar de aprender cuando todavía hay verdades que enseñar. "Acuérdate de los días de antaño; considera los años de todas las generaciones. Pregunta a tu padre, y Él te lo hará saber; a tus ancianos, y ellos te lo dirán" (Deuteronomio 32:7). Lo que hemos aprendido debemos transmitirlo. Debemos convertirnos en aprendices ahora, para no mermar en nuestro empeño de aprender en nuestros últimos días.

ELIGE LA PARTICIPACIÓN EN LUGAR DEL AISLAMIENTO

También debemos resistir la tentación del aislamiento, y especialmente, el aislamiento de la familia de la fe. Por el contrario, debemos perseguir y mantener la participación en la iglesia mientras seamos capaces y en la medida en que podamos. En medio de una sociedad que honra la juventud y desprecia la edad, tenemos la seguridad de Dios de que la edad nos da sabiduría. Y también tenemos el encargo de Dios de bendecir a otros con esa sabiduría. Hay un lugar para personas de todas las edades en la iglesia local. Cuando Pablo escribió a la congregación de Filipos, se dirigió tanto a los jóvenes como a los mayores cuando dijo: "Solamente comportaos de una manera digna del evangelio de Cristo, para que, de modo que ya sea que vaya a veros, o que permanezca ausente, pueda oír que vosotros estáis firmes en un mismo espíritu, luchando unánimes por la fe del evangelio" (Filipenses 1:27). En la comunidad de cristianos, nos mantenemos unidos mientras resistimos los embates del diablo. Los jóvenes necesitan a los mayores, así como los mayores necesitan a los jóvenes.

Dado que Dios no revoca nuestros dones en la vejez, entonces, no quita nuestra responsabilidad de utilizarlos en beneficio de otros. Quizás Pablo tuvo conciencia de la tentación del aislamiento cuando escribió: "Y no nos cansemos de hacer el bien, pues a su tiempo, si no nos cansamos, segaremos" (Gálatas 6:9). Por supuesto, es posible que tengamos que reducir la velocidad en nuestro servicio o entregar nuestros ministerios. En lugar del ministerio público de la predicación, es posible que tengamos que entregarnos a la tranquilidad del ministerio de oración. Pero retirarse del servicio cristiano por completo o dejar de usar los dones del Espíritu es pura desobediencia. Hablando a cristianos ancianos, Packer advierte que los dones espirituales no se marchitan con la edad, sino que se atrofian con el desuso.[7] Necesitamos ejercitar nuestros dones cuando somos jóvenes, de este modo, seguir ejercitándolos lo mejor que podamos durante el tiempo que podemos.

ELIGE LA ESPERANZA EN LUGAR DE LA DESESPERACIÓN

Finalmente, a medida que envejecemos, experimentamos la tentación de la desesperación, la tentación de rendirse. Nos protegemos persiguiendo la esperanza. En la segunda carta de Pablo a los Corintios, él es consciente de su edad creciente y la disminución de su salud. Él sabe que su "yo exterior está decayendo" (2 Corintios 4:16b), sin embargo, permanece confiado e inquebrantable. Él está convencido de que no se desanimará (16a). Packer muestra cómo Pablo aterriza esta esperanza en cuatro grandes verdades: tiene un cuerpo perfecto esperándolo más allá de la tumba (5:1); este cuerpo perfeccionado vendrá a él en un lugar perfecto que es mucho mejor (5:3-5); cuando reciba este cuerpo estará en casa con Cristo (5:6-9); y será juzgado fiel por Cristo y, por gracia, recibirá una recompensa adecuada (5:10-11). Él está armado con verdad y esta verdad le da esperanza, esperanza suficiente para sostenerlo a través de todo dolor, todo trauma, toda tentación a la desesperación. *"Siempre fue el plan [de Dios]"*, dice Packer, *"que nosotros, sus criaturas racionales encarnadas, debemos vivir nuestras vidas en este mundo esperando y preparándonos para algo incluso mejor de lo que ya conocíamos".*[8]

Como cristianos, podemos confiar en que Dios "nos

ha nacer de nuevo a una esperanza viva, mediante la resurrección de Jesucristo de entre los muertos, para obtener una herencia incorruptible, inmaculada, y que no se marchitará, reservada en los cielos para vosotros, que sois protegidos por el poder de Dios mediante la fe, para la salvación que está preparada para ser revelada en el último tiempo" (1 Pedro 1:3-5). Nuestra esperanza es una esperanza viva porque servimos a un Salvador vivo. Y este Salvador nos guarda por medio de la fe, impidiendo que tropecemos al igual que impide que nuestra herencia eterna se desvanezca. Hasta entonces, encontramos esperanza en el Dios que prometió a Isaías: "Aún hasta vuestra vejez, yo seré el mismo, y hasta vuestros años avanzados, yo os sostendré. Yo lo he hecho, y yo os cargaré; yo os sostendré, y yo os libraré" (Isaías 46:4). Hasta la vejez.

CONCLUSIÓN

Todos estamos envejeciendo. Vamos pasando por el tiempo hasta llegar al final de nuestro tiempo. Descubrimos que una mayor edad conlleva una mayor tristeza, pero también una mayor alegría, especialmente para los que están en Cristo. Dios nos dice que una mayor edad trae consigo una mayor responsabilidad y que en cada etapa de la vida tendremos que huir de la tentación de la mundanalidad; eligiendo, en cambio, hacer lo que honra y glorifica a Dios. Para envejecer con gracia, debemos envejecer en Cristo y para Cristo.

Notas

1. Esta sección se inspiró en "Beautiful Old Age" en *Week-day Religion* de J.R. Miller. El libro ya no está impreso, pero se puede encontrar en varios formatos electrónicos.

2. Los libros incluyen: *Rethinking Retirement* by John Piper; *Finishing Our Course with Joy* by J.I. Packer; *Finishing Well to the Glory of God* by John Dunlop; *How To Finish the Christian Life* by Donald & George Sweeting; *God Took Me By the Hand* by Jerry Bridges.

3. J.C. Ryle, *Christian Zeal.*

4. J.I. Packer, *Finishing Our Course With Joy.*

5. John Piper, *Rethinking Retirement.*

6. Donald & George Sweeting, *How to Finish the Christian Life.*

7. Packer.

8. Packer.

Otras Publicaciones

El Carácter del Cristiano
Tim Challies

En este libro Challies explora la Biblia a fin de considerar cómo podemos ser mejores ejemplos de las más altas virtudes cristianas. Al considerar el carácter del cristiano, nos estimularemos unos a otros al amor, a las buenas obras y a la semejanza de Cristo.

El Carácter del Cristiano
Tim Challies

En este libro Challies explora la Biblia a fin de considerar cómo podemos ser mejores ejemplos de las más altas virtudes cristianas. Al considerar el carácter del cristiano, nos estimularemos unos a otros al amor, a las buenas obras y a la semejanza de Cristo.

Próximamente más titulos de la *Serie Tim Challies*

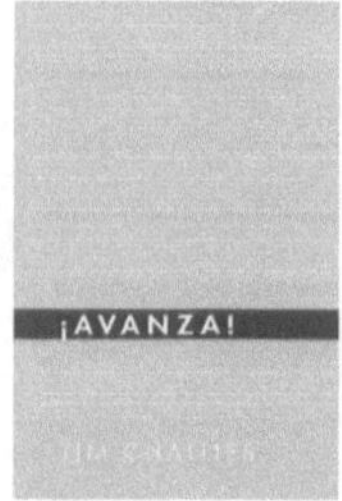

¿Qué es la Teología Bíblica?
James M. Hamilton Jr.

En ¿Qué es la teología bíblica?, Jim Hamilton nos introduce a esta narración, ayudándonos a entender la visión del mundo de los escritores bíblicos para que podamos leer el Antiguo y el Nuevo Testamento como esos autores pretendían.

Principios de Conducta
John Murray

En este libro, Murray señala al lector una y otra vez a toda la Escritura como la autoridad básica en asuntos de conducta cristiana.

Teología Bíblica en la vida de la Iglesia
Michael Lawrence

Este libro distingue entre el poder de la narración en la teología bíblica y el poder de la aplicación en la teología sistemática, pero también hace hincapié en la importancia de su colaboración en el ministerio.

La Gloria de Dios en la salvación a través del Juicio [Vol. 1]
James M. Hamilton Jr.

Hamilton se mueve a través de la Biblia libro por libro, mostrando que hay un centro teológico para toda la Biblia. El método sistemático y el alcance del volumen lo convierten en un recurso único para pastores, profesores y estudiantes.

El Templo y la Misión de la Iglesia
G. K. Beale

Esta estimulante exposición traza el tema del tabernáculo y el templo a lo largo de la historia de la Biblia, iluminando también muchos textos y temas estrechamente relacionados.

Predicando a Cristo desde Génesis
Sidney Greidanus

Predicando a Cristo desde Génesis ofrece más de la sólida y práctica homilética de Greidanus. Incluye útiles apéndices como: "Diez pasos del texto al sermón", "Una modelo de sermón expositivo" y tres de los sermones propios del autor desde Génesis - este volumen será un recurso invaluable para predicadores y maestros de la Biblia.

El Reino de Dios: el bien supremo
Herman Bavinck

En un sentido amplio, podemos decir que Dios es el bien supremo para todas las criaturas. Porque Dios es el Creador y sustentador de todas las cosas, la fuente de todo ser y vida, la fuente abundante de todo bien.

Pero el concepto de bien supremo suele incluir la idea de que también es conocido y disfrutado por las criaturas. Este libro nos permitirá ver que el mayor bien del hombre es Dios, y solo Dios.

El Cristiano frente al Odio del Mundo
Ps. Julio César Benitez

Este libro relata una exposición concisa de los capítulos 16 y 17 del libro de Juan, allí el autor expone como el cristiano es odiado por mundo y cuál debe ser la respuesta que debe dar.

Síguenos en redes sociales
como **@montealtoes**

También puedes visitanos en:
www.montealtoeditorial.com